WILLIAM
SHAKESPEARE

こども「シェイクスピア」

齋藤孝

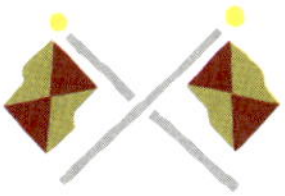

筑摩書房

はじめに

シェイクスピアは、イギリスの劇作家《げきさっか》です。劇作家《げきさっか》というのは、演劇《えんげき》の脚《きゃく》本《ほん》を書《か》く人《ひと》のことです。ですから、シェイクスピアの作品《さくひん》はみんなせりふの形《かたち》になっているんですね。その中《なか》には有名《ゆうめい》なせりふがたくさんあって、海外《かいがい》ではそれを知《し》っているかどうかが、その人《ひと》の教養《きょうよう》レベルを知《し》るものさしにもなっています。「これはハムレットのせりふですね」などと言《い》えれば、「この人《ひと》はちゃんと勉強《べんきょう》してきた人《ひと》だな」と外国《がいこく》の人《ひと》は思《おも》ってくれます。

シェイクスピアが使《つか》う言葉《ことば》はとても豊《ゆた》かで、深《ふか》い意味《いみ》があります。それに実際《じっさい》に舞台《ぶたい》の上《うえ》で話《はな》される言葉《ことば》なので、声《こえ》に出《だ》して言《い》ってみると、言葉《ことば》の面《おも》

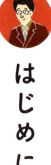

白《しろ》さを味《あじ》わうことができます。みなさんもぜひ、せりふを声《こえ》に出《だ》して言《い》ってみてください。

物語《ものがたり》の筋《すじ》も、ダイナミックでわくわくします。私《わたし》は小学生《しょうがくせい》のときシェイクスピアの本《ほん》を読《よ》みましたが、登場人物《とうじょうじんぶつ》や状況《じょうきょう》についてたくさん説明《せつめい》する小説《しょうせつ》とは違《ちが》って、スラスラ読《よ》めてしまいます。舞台《ぶたい》もヨーロッパですから、日本《にほん》のものとはまた違《ちが》った楽《たの》しさがあります。

とくにシェイクスピアは人間《にんげん》を描《えが》くのが上手《じょうず》で、その人《ひと》の本質《ほんしつ》をズバッとせりふで表《あらわ》してくれるところが面白《おもしろ》い点《てん》です。

いろいろな映画《えいが》や小説《しょうせつ》の元《もと》ネタにもなっているので、「この作品《さくひん》は、シェイクスピアの『ロミオとジュリエット』を下敷《したじ》きにしているんだよ」などと言《い》える人《ひと》になれると、楽《たの》しいですね。

START!

こどもシェイクスピア 目次

CHAPTER 1

CHAPTER 1
CHAPTER 1
CHAPTER 1

第《だい》1章《しょう》

ハムレット

　ハムレットの父《ちち》の国王《こくおう》は、毒殺《どくさつ》されてしまいます。その事実《じじつ》を父《ちち》の亡霊《ぼうれい》によって知《し》らされたハムレットは、復讐《ふくしゅう》を誓《ちか》います。憎《にく》しみが憎《にく》しみを呼《よ》び、最後《さいご》はおもな登場人《とうじょうじん》物《ぶつ》みんなが死《し》んでしまうという悲劇《ひげき》の物語《ものがたり》です。

ハムレット

第一幕第五場

亡《ぼう》霊《れい》

さあ、ハムレット、聴《き》くがいい。
私《わたし》の死因《しいん》については、庭園《ていえん》で眠《ねむ》るうち
毒蛇《どくじゃ》に噛《か》まれたと公表《こうひょう》され
デンマークじゅうの耳《みみ》に　その作《つく》り話《ばなし》の毒《どく》が
流《なが》し込《こ》まれている――だが、いいか、
お前《まえ》の父《ちち》を噛《か》み殺《ころ》した蛇《へび》は
いま王冠《おうかん》を戴《いただ》いている。

ハムレット

心《こころ》の予言《よげん》は的中《てきちゅう》した！　叔父《おじ》が！

ハムレット

第一幕第五場

ハムレット

この世《よ》の関節《かんせつ》がはずれてしまった。
ああ、何《なん》の因果《いんが》だ。
それを正《ただ》すために
生《う》まれてきたのか。

この世《よ》の関節《かんせつ》が はずれてしまった

Time is out of joint.

　ハムレットは、悩《なや》める青年《せいねん》の代表《だいひょう》です。父親《ちちおや》である王様《おうさま》は毒蛇《どくじゃ》にかまれて死《し》んだことになっていますが、本当《ほんとう》は王様《おうさま》の弟《おとうと》、つまりハムレットの叔父《おじ》に殺《ころ》されてしまったんですね。

　ハムレットはそのことを父王《ちちおう》の亡霊《ぼうれい》によって知《し》らされます。でも証拠《しょうこ》はありませんから、「本当《ほんとう》にそうなのか」ととても悩《なや》みます。さらに叔父《おじ》は、ハムレットのお母《かあ》さんと結婚《けっこん》してしまうんです。

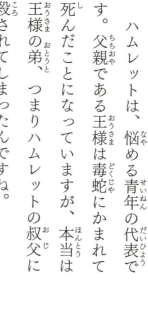

「なぜあんな人《ひと》と結婚《けっこん》したのか。弱《よわ》い存在《そんざい》、それは女《おんな》だ」とハムレットは思《おも》います。今《いま》は女《おんな》の人《ひと》だからといって弱《よわ》いわけではありませんが、この時代《じだい》は男《おとこ》の人《ひと》に頼《たよ》らなければ生《い》きていけない人《ひと》が多《おお》かったのです。

とにかくハムレットの周《まわ》りでは、とてもおかしなことが起《お》きています。それが「この世《よ》の関節《かんせつ》がはずれてしまった」というせりふです。関節《かんせつ》とは、骨《ほね》と骨《ほね》をつなぐ大切《たいせつ》な部分《ぶぶん》ですから、はずれてしまうと、手《て》や足《あし》がぶらぶらして役《やく》に立《た》たなくなります。道《みち》にはずれたことをした叔父《おじ》の不正《ふせい》を正《ただ》して、世《よ》の中《なか》の関節《かんせつ》を元《もと》に戻《もど》すのが自分《じぶん》の役目《やくめ》だとハムレットは思《おも》います。でも、人《ひと》は復讐《ふくしゅう》するために生《う》まれてきたのではありません。重《おも》すぎる使命《しめい》を与《あた》えられて、悩《なや》み、苦《くる》しむのがハムレットの物語《ものがたり》です。

ハムレット
第二幕第二場

ポローニアス

殿《でん》下《か》、
何《なに》をお読《よ》みで？

ハムレット

言《こと》葉《ば》、
言《こと》葉《ば》、言《こと》葉《ば》。

ハムレット
第三幕第一場

ハムレット

生《い》きて
こうあるか、
消《き》えて
なくなるか、
それが問《もん》題《だい》だ。

ハムレット

第五幕第二場

ハムレット

ああ、ホレイショー、俺《おれ》は死《し》ぬ。（略《りゃく》）
だが、予言《よげん》する、
王位《おうい》を継《つ》ぐのはフォーティンブラス。
それが死《し》に臨《のぞ》んだ俺《おれ》の意志《いし》だ。
彼《かれ》にそう伝《つた》えてくれ。
事《こと》ここに至《いた》ったいきさつも是非《ぜひ》──
あとは、沈黙《ちんもく》。

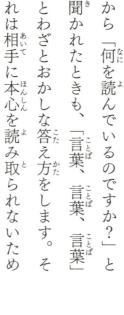

あとは、沈黙《ちんもく》

The rest is silence.

父《ちち》を殺《ころ》した叔父《おじ》に復讐《ふくしゅう》するため、ハムレットは頭《あたま》がおかしくなったふりをします。心配《しんぱい》した大臣《だいじん》のポローニアスから「何《なに》を読《よ》んでいるのですか？」と聞《き》かれたときも、「言葉《ことば》、言葉《ことば》、言葉《ことば》」とわざとおかしな答《こた》え方《かた》をします。それは相手《あいて》に本心《ほんしん》を読《よ》み取《と》られないためなんですね。

でもよく考《かんが》えてみると、私《わたし》たちが本《ほん》を読《よ》んでいるときも、言葉《ことば》を読《よ》んでいるだけかもしれないので、とても深《ふか》いせりふです。

『ハムレット』の中《なか》でも一番有名《いちばんゆうめい》なせりふは、「生《せい》か、死《し》か、それが問題《もんだい》だ(To be or not to be : that is the question.)」です。訳《やく》は「生《い》きてこうあるか、消《き》えてなくなるか、それが問題《もんだい》だ」などいろいろです。みなさんも、「Aにすべきか、Bにすべきか、それが問題《もんだい》だ」などと使《つか》ってみたら面白《おもしろ》いと思《おも》います。このせりふは、悩《なや》むハムレットが独《ひと》り言《ごと》を言《い》うときに出《で》てきます。

この独白《どくはく》のあと、ハムレットの恋人《こいびと》のオフィーリアが登場《とうじょう》します。ハムレットはオフィーリアに「もう結婚《けっこん》するな。尼寺《あまでら》に行《ゆ》け！」と言《い》います。なぜそんなひどいことを言《い》ったのかというと、彼女《かのじょ》を復讐劇《ふくしゅうげき》にまきこみたくなかったからなんですね。でもオフィーリアは絶望《ぜつぼう》して、死《し》んでしまいます。

怒《おこ》ったオフィーリアのお兄《にい》さんは、ハムレットの叔父《おじ》である今《いま》の国王《こくおう》と共《きょう》謀《ぼう》して、剣術《けんじゅつ》の試合《しあい》を開《ひら》きます。そして毒《どく》を塗《ぬ》った剣《けん》と毒入《どくい》りのワインを用《よう》意《い》してハムレットを殺《ころ》そうとします。

それを知《し》らずに王妃《おうひ》（ハムレットのお母《かあ》さんですね）が毒入《どくい》りワインを飲《の》んで死《し》んでしまいます。そしてオフィーリアのお兄《にい》さんも、毒《どく》の剣《けん》で負傷《ふしょう》して死《し》にます。ハムレットは国王《こくおう》を殺《ころ》して復讐《ふくしゅう》を果《は》たしますが、毒《どく》を塗《ぬ》った剣《けん》で怪我《けが》を負《お》い、やはり死《し》んでしまいます。みんな死《し》んでしまうんですね。

ハムレットが、最期《さいご》に家来《けらい》のホレイショーに告《つ》げる言葉《ことば》が「あとは沈黙《ちんもく》」です。これは、かっこいい言葉《ことば》です。誰《だれ》かと言《い》い争《あらそ》いになって、それ以上《いじょう》ぶつかるとけんかになってしまいそうなときは、「あとは沈黙《ちんもく》」と言《い》って黙《だま》ればうまくおさまるかもしれないね。

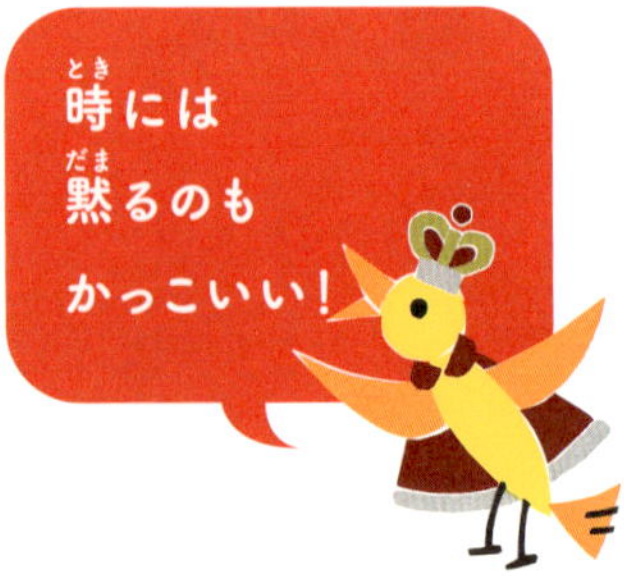

CHAPTER 2

CHAPTER 2

CHAPTER 2

第《だい》2章《しょう》

ロミオとジュリエット

敵同士《かたきどうし》の家《いえ》に生《う》まれたロミオとジュリエットはお互《たが》いにひと目惚《めぼ》れして、恋《こい》に落《お》ちます。結婚《けっこん》を誓《ちか》った二人《ふたり》ですが、運命《うんめい》の歯車《はぐるま》が狂《くる》っていろいろな行《い》き違《ちが》いが起《お》きて、悲劇《ひげき》を迎《むか》えます。

CHAPTER 2

ロミオとジュリエット

プロローグ

序詞役《じょしやく》

いずれ劣《おと》らぬふたつの名家《めいか》
花《はな》の都《みやこ》のヴェローナに
新《あら》たに噴《ふ》き出《だ》すいにしえの遺恨《いこん》
人々《ひとびと》の手《て》を血《ち》で汚《けが》す
不倶戴天《ふぐたいてん》の胎内《たいない》から
産声《うぶごえ》あげた幸薄《さちうす》い恋人《こいびと》

重《かさ》なる不運《ふうん》が死《し》を招《まね》き
親《おや》の不和《ふわ》をも埋葬《まいそう》する。
死《し》を印《しる》された恋《こい》の成《な》り行《ゆ》き
いとし子《ご》の命《いのち》果《は》てるまで
終《お》わりを知《し》らぬ親同士《おやどうし》の争《あらそ》い
二時間《にじかん》の舞台《ぶたい》で繰《く》り広《ひろ》げ
ご高覧《こうらん》に供《きょう》します。

いずれ劣《おと》らぬ ふたつの名家《めいか》

Two households, both alike in dignity.

『ロミオとジュリエット』は、シェイクスピアを代表《だいひょう》する悲恋物語《ひれんものがたり》です。劇《げき》が始《はじ》まる前《まえ》に、案内役《あんないやく》から挨拶《あいさつ》があります。この文章《ぶんしょう》はとても有名《ゆうめい》で、シェイクスピアの生《う》まれたイギリスの学校《がっこう》ではよくこの部分《ぶぶん》を習《なら》って暗記《あんき》しています。英語《えいご》の国々《くにぐに》では常識《じょうしき》ですので、みなさんも覚《おぼ》えておきましょう。

モンタギュー家《け》の息子《むすこ》ロミオとキャピュレット家《け》の娘《むすめ》ジュリエットはパーティで出会《であ》い、恋《こい》に落《お》ちます。でも

二人《ふたり》の家《いえ》、モンタギュー家《け》とキャピュレット家《け》は長《なが》い間《あいだ》対立《たいりつ》していて、とても仲《なか》が悪《わる》い家《いえ》なんですね。「不倶戴天《ふぐたいてん》の」というのは、同《おな》じ天《てん》の下《した》に一緒《いっしょ》にいられないことをいいます。よりにもよってそんな敵同士《てきどうし》の家《いえ》に生《う》まれるなんて、何《なん》という運命《うんめい》のいたずらでしょう。

でも障害《しょうがい》があればあるほど、二人《ふたり》は燃《も》え上《あ》がってしまうんです。ロミオから相談《そうだん》を受《う》けた神父《しんぷ》さんが、いい作戦《さくせん》を思《おも》いつきます。二人《ふたり》を結婚《けっこん》させることで、家《いえ》と家《いえ》との争《あらそ》いをやめさせようと思《おも》ったんです。ところがいろいろな行《い》き違《ちが》いがあって、ロミオとジュリエットは二人《ふたり》とも死《し》んでしまいます。シェイクスピアの演劇《えんげき》には、こうした行《い》き違《ちが》いがとても多《おお》いんですね。このすれ違《ちが》いが、痛《いた》ましい悲恋《ひれん》につながっていくのです。

ロミオとジュリエット

第二幕第二場

ジュリエット

ああ、ロミオ、ロミオ、
どうしてあなたはロミオなの？
お父《とう》さまをお父《とう》さまと思《おも》わず、名前《なまえ》を捨《す》てて。
それが無理《むり》なら、私《わたし》を愛《あい》すると誓《ちか》って。
そうすれば私《わたし》はもう
キャピュレットではない。
（略《りゃく》）
名前《なまえ》に何《なに》があるの？　バラと呼《よ》ばれる花《はな》を
別《べつ》の名《な》で呼《よ》んでも、甘《あま》い香《かお》りに変《かわ》りはない。

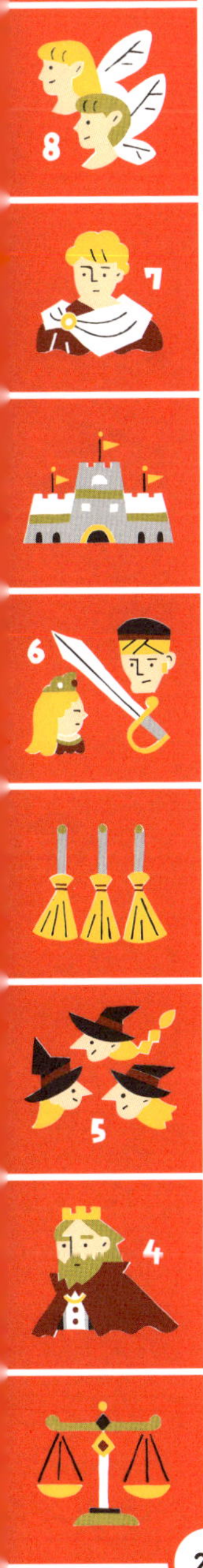

ロミオとジュリエット

第二幕第二場

ジュリエット

教《おし》えて、なぜ、どうやって
ここへいらしたの？
庭《にわ》の塀《へい》は高《たか》くて易々《やすやす》とは
乗《の》り越《こ》えられない。
（略《りゃく》）

ロミオ

恋《こい》の軽《かる》い翼《つばさ》で塀《へい》は飛《と》び越《こ》えた。
石垣《いしがき》などでは恋《こい》を閉《し》め出《だ》すことはできない。
恋《こい》は、出来《でき》ることなら何《なん》でもやってのける。
だから、君《きみ》の身内《みうち》に邪魔《じゃま》はさせない。

ああロミオ、ロミオ、
どうしてあなたは
ロミオなの？

Oh Romeo, Romeo!
Why are you Romeo?

お互《たが》いに一目《ひとめ》ぼれしたあと、ロミオがジュリエットの家《いえ》の庭《にわ》にしのびこむと、バルコニーに出《で》てきたジュリエットが独《ひと》り言《ごと》を言《い》っています。それが「どうしてあなたはロミオなの？」という有名《ゆうめい》なせりふです。ジュリエットは「キャピュレット」という家《いえ》を捨《す》て、ただのジュリエットとしてあなたの胸《むね》に飛《と》び込《こ》みます、と宣言《せんげん》しています。純愛《じゅんあい》とはすごいエネルギーですね。二人《ふたり》はお互《たが》いの愛《あい》を確認《かくにん》し、翌日《よくじつ》、神《しん》

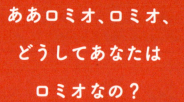

父《ぷ》さんの前《まえ》で結婚式《けっこんしき》をあげてしまいます。

ところがひょんなことから、ロミオはキャピュレット家《け》の若者《わかもの》を殺《ころ》してしまいます。ロミオは町《まち》を永久追放《えいきゅうついほう》されてしまうのですが、その前《まえ》にジュリエットに会《あ》いに来《き》ます。「来《き》て、優《やさ》しい夜《よる》」とジュリエットはロミオを待《ま》ち焦《こ》がれています。命懸《いのちが》けの恋《こい》をしているジュリエットの気持《きも》ちが伝《つた》わってくる言葉《ことば》です。でもジュリエットは別《べつ》の男性《だんせい》と無理《むり》やり結婚《けっこん》させられそうになるんです。悲《かな》しむジュリエットを見《み》て、神父《しんぷ》さんはある作戦《さくせん》を思《おも》いつきます。ジュリエットに死《し》んで生《い》き返《かえ》る薬《くすり》を飲《の》ませ、ジュリエットが死《し》んだことにして、ロミオと一緒《いっしょ》にさせようと思《おも》ったんです。でもその作戦《さくせん》を書《か》いた手紙《てがみ》が、遠《とお》くの町《まち》に逃《に》げたロミオのところに届《とど》かなかった……。

ジュリエットの元《もと》に駆《か》けつけたロミオは、ジュリエットが死《し》んだと勘違《かんちが》い

して、毒《どく》を飲《の》んで死《し》んでしまいます。目覚《めざ》めたジュリエットはロミオのなきがらを見《み》つけて、自《みずか》ら短剣《たんけん》で胸《むね》を刺《さ》して追《お》いかけるように死《し》んでしまうんです。最後《さいご》のせりふは、こうです。「ここがお前《まえ》の鞘《さや》。（胸《むね》を刺《さ》す）ここで錆《さ》び付《つ》いて、私《わたし》を死《し》なせて。」（第五幕第三場《だいごまくだいさんば》）。みなさんも「この人《ひと》がいなくなったら死《し》んでしまおう」と思《おも》うことがあるかもしれません。でも早《はや》まってはいけません。しばらくしたら必《かなら》ず別《べつ》の人《ひと》があらわれます。

演劇《えんげき》というのは混《ま》じり気《け》のない結晶《けっしょう》のようなもので、現実《げんじつ》とは違《ちが》います。純粋《じゅんすい》なものは舞台《ぶたい》で見《み》たり、小説《しょうせつ》を読《よ》んで味《あじ》わうだけにしてください。『ロミオとジュリエット』を読《よ》めば、あなたも純愛物語《じゅんあいものがたり》のとりこになると思《おも》います。

CHAPTER 3

第《だい》3章《しょう》

ヴェニスの商人《しょうにん》

　ヴェニスの商人《しょうにん》アントーニオは、金貸《かねか》しから「返済《へんさい》できなかったときは、自分《じぶん》の体《からだ》から一《いち》ポンドの肉《にく》を切《き》り取《と》る」という約束《やくそく》でお金《かね》を借《か》ります。でも借金《しゃっきん》が返《かえ》せなくなり……。最後《さいご》にどんでん返《がえ》しがある喜《き》劇《げき》の物語《ものがたり》です。

ヴェニスの商人

第一幕第三場

シャイロック

ま、これはほんのお遊《あそ》びだが、（略《りゃく》）
違約金《いやくきん》がわりに、
あんたのその真《ま》っ白《しろ》な体《からだ》から
きっかり一《いち》ポンド、
私《わたし》の好《す》きな部分《ぶぶん》を切《き》り取《と》ると
明記《めいき》していただきたいんだが。

ヴェニスの商人
第二幕第七場

読《よ》んでみよう。

モロッコ大公《たいこう》

輝《かがや》くもの必《かなら》ずしも金《きん》ならず、
汝《なんじ》、この言葉《ことば》を幾《いく》たびも耳《みみ》にせしはず——
我《わ》が面《おもて》にのみ目《め》を向《む》けるあまり
命《いのち》売《う》りし者《もの》あまたあり——
金色《こんじき》に輝《かがや》く墓《はか》も内《うち》に蛆虫《うじ》《むし》を収《おさ》めり。

輝《かがや》くもの必《かなら》ずしも金《きん》ならず

All that glitters is not gold.

ヴェニスの商人《しょうにん》アントーニオは、友《ゆう》人《じん》バサーニオのためにユダヤ人《じん》の金貸《かねか》しシャイロックからお金《かね》を借《か》ります。シャイロックは、ほんのお遊《あそ》びだからと言《い》って、アントーニオにある約束《やくそく》をさせます。それは、もし借金《しゃっきん》が返《かえ》せなかったら、アントーニオの体《からだ》から一《いち》ポンドの肉《にく》を切《き》り取《と》るというものです。アントーニオは冗談《じょうだん》だと思《おも》って、判《はん》を押《お》してしまうんですね。

でもその後《ご》、大変《たいへん》なことが起《お》きてし

まいます。シャイロックは本気《ほんき》だったんです。こわいですね。英語圏《えいごけん》の国々《くにぐに》では「Shylock（シャイロック）」といえば、「無慈悲《むじひ》な高利貸《こうりが》し」という意《い》味《み》で、ふつうに使《つか》われている言葉《ことば》になっています。

『ヴェニスの商人《しょうにん》』には、ポーシャという女性《じょせい》が出《で》てきます。モロッコ大公《たいこう》が求婚《きゅうこん》するのですが、金《きん》、銀《ぎん》、鉛《なまり》の箱《はこ》のうち、どれを選《えら》ぶかと彼女《かのじょ》に聞《き》かれて金《きん》の箱《はこ》を選《えら》んでしまいます。金《きん》の箱《はこ》には「がいこつ」が入《はい》っていて、そこにはさんであった紙《かみ》に「輝《かがや》くもの必《かなら》ずしも金《きん》ならず」と書《か》かれていました。それは「はずれ」の箱《はこ》なんですね。モロッコ大公《たいこう》はポーシャにふられてしまいます。ちなみにアントーニオの友人《ゆうじん》のバサーニオは一番地《いちばんじ》味《み》な鉛《なまり》の箱《はこ》を選《えら》んで、見事《みごと》ポーシャの婚約者《こんやくしゃ》に選《えら》ばれるんです。

ヴェニスの商人

第三幕第二場

バサーニオ

そうだ、見《み》かけの美《うつく》しさは
中《なか》味《み》とは別《べつ》ものかもしれない。
世《よ》の人《ひと》々《びと》はいつも
虚飾《きょしょく》に欺《あざむ》かれる――

ヴェニスの商人

第四幕第一場

ポーシャ

この証文《しょうもん》はお前《まえ》に一滴《いってき》の血《ち》も
与《あた》えてはいない、
ここに明記《めいき》されているのは「肉《にく》一《いち》ポンド」。
従《したが》って、証文《しょうもん》どおり、肉《にく》一《いち》ポンドを取《と》れ、

（略《りゃく》）

たとえ一滴《いってき》でも流《なが》せば、お前《まえ》の土地《とち》も
財産《ざいさん》もヴェニスの法律《ほうりつ》にしたがい
ヴェニスの国庫《こっこ》に没収《ぼっしゅう》される。

一《いち》ポンドの肉《にく》

A pound of flesh

アントーニオは、シャイロックにお金《かね》を返《かえ》すつもりでした。でも自分《じぶん》の財《ざい》産《さん》を積《つ》んだ船《ふね》が難破《なんぱ》してしまって、お金《かね》が返《かえ》せなくなったから、さあ、大変《たいへん》です。シャイロックは、約束通《やくそくどお》り「肉《にく》一《いち》ポンド」を寄《よ》こせと要求《ようきゅう》します。一《いち》ポンドは五〇〇《ごひゃく》グラムくらいです。そんなに肉《にく》を切《き》り取《と》ったら、死《し》んでしまいますよね。

やがて裁判《さいばん》が行《おこな》われることになりました。そこに登場《とうじょう》するのが、アントーニオの友人《ゆうじん》、バサーニオの婚約者《こんやくしゃ》ポーシャです。ポーシャは裁判官《さいばんかん》に変装《へんそう》して法廷《ほうてい》にやってきます。そして、こんな名判決《めいはんけつ》を出《だ》します。

「肉一《にくいち》ポンドはシャイロックのものである。ただし肉《にく》だけ。血《ち》は一滴《いってき》も流《なが》してはいけない。正確《せいかく》に一《いち》ポンドだけ切《き》り取《と》るように。それ以上《いじょう》でもそれ以下《いか》でもいけない。もしちょっとでも重《おも》さが狂《くる》うようなら、ヴェニスの法律《ほうりつ》に従《したが》って、シャイロックは死刑《しけい》。全財産《ぜんざいさん》、没収《ぼっしゅう》だ」。

ポーシャはシャイロックが勝《か》ったように見《み》せかけて、機《き》転《てん》を利《き》かせてアントーニオを救《すく》ったんです。

そのあと難破《なんぱ》したと思《おも》っていた船《ふね》が戻《もど》ってきて、借金《しゃっきん》を返《かえ》せることになり、めでたしめでたしで、物語《ものがたり》は終《お》わります。

シェイクスピアって どんな人《ひと》？

ウィリアム・シェイクスピアは1564年《ねん》、イングランド（今《いま》のイギリス）に生《う》まれました。日本《にほん》で言《い》えば、戦国時代《せんごくじだい》から江戸幕府《えどばくふ》が築《きず》かれた頃《ころ》に活躍《かつやく》した人《ひと》です。裕福《ゆうふく》な商人《しょうにん》の家《いえ》に生《う》まれたシェイクスピアは成人《せいじん》するとロンドンに行《い》き、最初《さいしょ》は俳優《はいゆう》として活躍《かつやく》していたようです。でもそのうちお芝《しば》居《い》の脚本《きゃくほん》（これを戯曲《ぎきょく》と言《い》います）を書《か》くほうに才能《さいのう》をあらわしました。人《にん》間《げん》の性格《せいかく》や本質《ほんしつ》をずばりとつく作品《さくひん》で注目《ちゅうもく》を集《あつ》め、37の戯曲《ぎきょく》を書《か》いたほか、詩人《しじん》としても優《すぐ》れた作品《さくひん》を残《のこ》しています。

CHAPTER 4

CHAPTER 4

第《だい》4章《しょう》

リア王《おう》

年《とし》老《お》いたリア王《おう》は長女《ちょうじょ》と次女《じじょ》に領土《りょうど》を譲《ゆず》りますが、裏《うら》切《ぎ》られます。一番《いちばん》父《ちち》を愛《あい》していたのは、リア王《おう》が冷《つめ》たくした末娘《すえむすめ》のコーディリアでした。でもそのことに気《き》づいたときはすでに遅《おそ》く、王国《おうこく》は崩壊《ほうかい》に向《む》かっていきます。

CHAPTER 4

リア王

第一幕第一場

リア　姉《あね》ふたりよりもっと豊《ゆた》かな三《さん》分《ぶん》の一《いち》をどういう言葉《ことば》で引《ひ》き出《だ》すつもりかな？　言《い》え。（略《りゃく》）

コーディリア　何《なに》も。

リア　何《なに》もなければ何《なに》も出《で》てこない。言《い》い直《なお》せ。

コーディリア　不《ふ》幸《しあわ》せな性《しょう》分《ぶん》で、胸《むね》の思《おも》いを口《くち》に出《だ》すことができないのです。

リア王

第三幕第二場

リア

風《かぜ》よ、吹《ふ》け、貴様《きさま》の頬《ほお》が
裂《さ》けるまで！　吹《ふ》け！　吹《ふ》き荒《あ》れろ！（略《りゃく》）
天地《てんち》を揺《ゆ》るがす雷《かみなり》よ
地球《ちきゅう》の丸《まる》い腹《はら》を真《ま》っ平《たい》らに叩《たた》きつぶせ！
大自然《だいしぜん》の鋳型《いがた》を打《う》ち壊《こわ》し、
恩知《おんし》らずな人間《にんげん》の種《しゅ》という種《しゅ》を
ただちに破壊《はかい》しろ！

風《かぜ》よ、吹《ふ》け、
貴《き》様《さま》の頬《ほお》が裂《さ》けるまで！

Blow winds, and crack your cheeks!

『リア王《おう》』はひと言《こと》で言《い》うと、老《お》いて狂乱《きょうらん》する王様《おうさま》の物語《ものがたり》です。最初《さいしょ》の場面《ばめん》はリア王《おう》が三人《さんにん》の娘《むすめ》に対《たい》して領土《りょうど》を分《わ》け与《あた》えようとするところから始《はじ》まります。リア王《おう》は、自分《じぶん》のことをもっとも愛《あい》している娘《むすめ》に一番大《いちばんおお》きな領土《りょうど》を与《あた》えよう、というわけです。長女《ちょうじょ》と次女《じじょ》は言葉《ことば》巧《たく》みに父王《ちちおう》の機嫌《きげん》を取《と》ります。でも末娘《すえむすめ》のコーディリアは父《ちち》への愛《あい》が深《ふか》すぎて、言葉《ことば》が出《で》てこないんですね。リア王《おう》はそれを誤解《ごかい》して怒《おこ》ってしまい

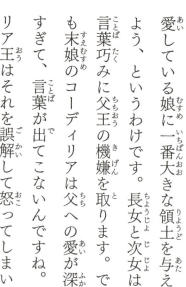

ます。そして、コーディリアを無一文《むいちもん》で勘当《かんどう》してしまうんです。

その後《ご》、物語《ものがたり》は展開《てんかい》して、リア王《おう》は長女《ちょうじょ》と次女《じじょ》のところに行《い》きます。でももう財産《ざいさん》をもらってしまった娘《むすめ》たちは、手《て》の平《ひら》を返《かえ》したようにリア王《おう》を邪魔《じゃま》者扱《ものあつか》いするんです。やけになったリア王《おう》は、嵐《あらし》が吹《ふ》きすさぶ荒野《こうや》に飛《と》び出《だ》していきます。

私《わたし》はいろいろな演劇《えんげき》を見《み》ましたが、もっとも印象的《いんしょうてき》だったのは、リア王《おう》がよろよろと嵐《あらし》の中《なか》を歩《ある》いていく場面《ばめん》です。リア王《おう》は娘《むすめ》に冷《つめ》たくされて、頭《あたま》がおかしくなってしまうんですね。

日本《にほん》も、これから高齢化社会《こうれいかしゃかい》が進《すす》みます。老《お》いてくると判断力《はんだんりょく》が衰《おとろ》えてくる人《ひと》もいますが、みなさんはそういう場《ば》合《あい》も邪魔者扱《じゃまものあつか》いせず、優《やさ》しく話《はなし》を聞《き》いてあげてください。

リア王

第四幕第一場

エドガー

もっと落《お》ちるかもしれない。
「どん底《ぞこ》だ」と言《い》えるあいだは
まだどん底《ぞこ》じゃない。

リア王

第四幕第六場

リア

生《う》まれ落《お》ちると泣《な》くのはな、この阿《あ》呆《ほう》の檜《ひのき》舞《ぶ》台《たい》に引《ひ》き出《だ》されたのが悲《かな》しいからだ。

「どん底《ぞこ》だ」と言《い》えるあいだは、
まだどん底《ぞこ》ではない

The worst is not,
so long as we can say.
"This is the worst."

リア王《おう》には、忠実《ちゅうじつ》な貴族《きぞく》も出《で》てきます。その貴族《きぞく》は失脚《しっきゃく》して目《め》をつぶされてしまい、自分《じぶん》の息子《むすこ》と荒野《こうや》で再会《さいかい》します。変《か》わり果《は》てた父《ちち》の姿《すがた》を見《み》て、息《むす》子《こ》（エドガー）は「これがどん底《ぞこ》ではない」と言《い》います。「最悪《さいあく》だ」と言《い》っているうちは最悪《さいあく》ではないんですね。みなさんも「最悪《さいあく》だ」と思《おも》いつめたときは、この言葉《ことば》を思《おも》い出《だ》し、まだ余裕《よゆう》があるんだと考《かんが》え直《なお》してみましょう。

リア王《おう》も、その貴族《きぞく》と再会《さいかい》します。

リア王《おう》は頭《あたま》がおかしくなっていましたが、ときどき正気《しょうき》に返《かえ》るんです。「人《にん》間《げん》の赤《あか》ん坊《ぼう》がオギャーと泣《な》きながら生《う》まれてくるのは、阿呆《あほう》ばかりがいるこの世界《せかい》に引《ひ》き出《だ》されたのが悲《かな》しいからだよ」とその貴族《きぞく》をなぐさめます。人間《にんげん》は生《う》まれてからもずっと大変《たいへん》なことを背負《せお》って生《い》きていく、それが人《じん》生《せい》なのだと言《い》っているわけです。

『リア王《おう》』の最後《さいご》は悲劇《ひげき》です。王《おう》は、コーディリアが自分《じぶん》を一番愛《いちばんあい》してくれたと悟《さと》ります。でも、コーディリアは処刑《しょけい》されてしまいます。リア王《おう》はその亡骸《なきがら》を抱《だ》いて登場《とうじょう》すると、悲《かな》しみのあまり死《し》んでしまうのです。私《わたし》たちは口《くち》がうまい人《ひと》を信用《しんよう》しがちですが、コーディリアのように口下手《くちべた》で口数《くちかず》が少《すく》ない人《ひと》にこそ真心《まごころ》があるかもしれない、と知《し》っておくべきですね。

COLUMN WILLIAM SHAKESPEARE COLUMN

シェイクスピアには
悲劇《ひげき》と喜劇《きげき》がある

　シェイクスピアの作品《さくひん》には悲劇《ひげき》と喜《き》劇《げき》があります。四大《よんだい》悲劇《ひげき》といわれるのは『ハムレット』『マクベス』『オセロー』『リア王《おう》』。ほかにも『ロミオとジュリエット』や『リチャード三世《さんせい》』などが有名《ゆうめい》です。悲劇《ひげき》の作品《さくひん》は人間《にんげん》の力《ちから》ではどうにもならない運命《うんめい》を描《えが》いています。これに対《たい》して、滑稽《こっけい》なことが次々《つぎつぎ》と起《お》こり、観客《かんきゃく》を笑《わら》わせるのが喜《き》劇《げき》です。シェイクスピアには『夏《なつ》の夜《よ》の夢《ゆめ》』や『お気《き》に召《め》すまま』など明《あか》るく、楽《たの》しい喜劇《きげき》もたくさんあって、見《み》る人《ひと》を楽《たの》しませてくれます。

WILLIAM SHAKESPEARE

CHAPTER 5

CHAPTER 5

第《だい》5章《しょう》

マクベス

　軍《ぐん》人《じん》のマクベスは、三《さん》人《にん》の魔《ま》女《じょ》の予《よ》言《げん》を信《しん》じて、自《じ》分《ぶん》が仕《つか》える王《おう》様《さま》を殺《ころ》して、代《か》わりに王《おう》になってしまいます。でもその地《ち》位《い》を守《まも》るために、次《つぎ》々《つぎ》と人《ひと》を殺《ころ》して、最《さい》後《ご》は自《じ》分《ぶん》も殺《ころ》されてしまうというお話《はなし》です。

CHAPTER 5

マクベス

第一幕第一場

魔女《まじょ》1　いつまた会《あ》おう、三人《さんにん》で？
雷《かみなり》、稲妻《いなずま》、雨《あめ》の中《なか》？

魔女《まじょ》2　てんやわんやがおさまって
闘《たたか》い、負《ま》けて勝《か》ったとき。

魔女《まじょ》3　ということは、日暮《ひぐ》れ前《まえ》。

魔女《まじょ》1　落《お》ち合《あ》う場所《ばしょ》は？

魔女《まじょ》2　あの荒野《こうや》。

魔女《まじょ》3　そこで会《あ》うんだ、マクベスに。

魔女《まじょ》1　いま行《い》くよ、お化《ば》け猫《ねこ》!

魔女《まじょ》2　ヒキガエルも呼《よ》んでいる。

魔女《まじょ》3　すぐ行《い》くったら!

三《さん》人《にん》　きれいは汚《きたな》い、汚《きたな》いはきれい。
飛《と》んで行《い》こう、
よどんだ空《くう》気《き》と霧《きり》の中《なか》。

きれいは汚《きたな》い、汚《きたな》いはきれい

Fair is foul,
and foul is fair.

『マクベス』は、シェイクスピアが書《か》いた四大悲劇《よんだいひげき》のひとつです。物語《ものがたり》の最《さい》初《しょ》に魔女三人《まじょさんにん》が登場《とうじょう》して、不思議《ふしぎ》な会《かい》話《わ》をします。たとえば「闘《たたか》い、負《ま》けて勝《か》ったとき」など意味《いみ》がよくわかりませんよね。シェイクスピアはこういう言葉《ことば》遊《あそ》びが大好《だいす》きなんです。

意味不明《いみふめい》なことを言《い》って頭《あたま》がごちゃごちゃしてくると、人間《にんげん》の脳《のう》は何《なん》だか楽《たの》しくなるそうです。演劇《えんげき》では話《はなし》を面《おも》白《しろ》くするために、不思議《ふしぎ》なことを言《い》い

出《だ》す人《ひと》がときどき出《で》てきます。

『マクベス』では、三人《さんにん》の魔女《まじょ》がその役割《やくわり》を果《は》たしているんですね。このあと、マクベスは魔女《まじょ》から王様《おうさま》になると予言《よげん》され、それを信《しん》じてしまいます。

魔女《まじょ》の言葉《ことば》で有名《ゆうめい》なのは「きれいは汚《きたな》い、汚《きたな》いはきれい」です。世《よ》の中《なか》はきれいなものと汚《きたな》いもの、正《ただ》しいことと正《ただ》しくないことがはっきりわかれていません。

ですから、味方《みかた》だと思《おも》っていた人《ひと》が裏切《うらぎ》ったり、敵《てき》だと思《おも》っていた人《ひと》が本当《ほんとう》は自分《じぶん》のことを心配《しんぱい》してくれていたり、いろいろなことがさかさまになることがあります。

『マクベス』でも、人間関係《にんげんかんけい》がごちゃごちゃと入《い》り交《ま》じって、悲劇《ひげき》の物語《ものがたり》に進《すす》んでいくのです。

マクベス

第一幕第七場

マクベス

腹《はら》は決《き》まった。
この恐《おそ》ろしい離《はな》れ業《わざ》に向《む》けて
身体《からだ》じゅうの力《ちから》を振《ふ》り絞《しぼ》る。
さ、奥《おく》へ。きれいに装《よそお》って皆《みな》を欺《あざむ》くのだ。
偽《いつわ》りの心《こころ》に巣食《すく》う企《たくら》みは、
偽《いつわ》りの顔《かお》で隠《かく》すしかない。

マクベス

第三幕第四場

マクベス夫人《ふじん》

あなたに欠《か》けているのは、
命《いのち》を保《たも》つ眠《ねむ》りよ。

マクベス

おいで、眠《ねむ》ろう。
奇妙《きみょう》な幻《まぼろし》に惑《まど》わされるのは
新米《しんまい》の臆病風《おくびょうかぜ》のせいだ、
修業《しゅぎょう》が足《た》りない。
二人《ふたり》とも悪事《あくじ》となるとまだ青《あお》いな。

偽《いつわ》りの心《こころ》に巣《す》食《く》う企《たくら》みは、偽《いつわ》りの顔《かお》で隠《かく》すしかない

False face must hide
what the false heart
does know.

マクベスから魔女《まじょ》の予言《よげん》を聞《き》いたマクベス夫人《ふじん》は「それじゃ、王《おう》を殺《ころ》して、私《わたし》たちが王位《おうい》につきましょう」と、マクベスをそそのかします。マクベスはためらうのですが、夫人《ふじん》に押《お》し切《き》られてしまいます。そして二人《ふたり》で王様《おうさま》を暗《あん》殺《さつ》し、その罪《つみ》を家来《けらい》になすりつけてしまいます。ここが物語《ものがたり》の山場《やまば》です。

「やっぱり悪《わる》いことだからやめよう」と言《い》えばドラマはそこで終《お》わってしまうのですが、そうはなりません。演劇《えんげき》

にはこういう緊張感《きんちょうかん》がないと面白《おもしろ》くないんです。マクベスは王殺《おうごろ》しを悟《さと》られないよう、みんなの心《こころ》をあざむかなければなりません。

「偽《いつわ》りの心《こころ》に巣食《すく》う企《たくら》みは、偽《いつわ》りの顔《かお》で隠《かく》すしかない」。

悪《わる》いけれど、かっこいいせりふですね。何《なに》かのとき、家族《かぞく》や友達《ともだち》にちょっとつぶやいてみましょう。「何《なに》、それ?」と感心《かんしん》されるかもしれません。

王様《おうさま》を殺《ころ》したマクベスは罪《つみ》の意識《いしき》にさいなまれて、よく眠《ねむ》れなくなります。なぜなら、王様《おうさま》はマクベスにとてもよくしてくれたからです。人《ひと》は悪《わる》いことをすると、眠《ねむ》れなくなるんですね。眠《ねむ》れないので、心《こころ》が不安定《ふあんてい》になって、亡霊《ぼうれい》を見《み》てしまいます。観客《かんきゃく》は「悪《わる》いことをすると、やっぱり自分《じぶん》に返《かえ》ってくるんだ」ということが学《まな》べるのです。

マクベス

第五幕第一場

マクベス夫人《ふじん》

消《き》えろ、この染《し》み、忌々《いまいま》しい！（略《りゃく》）
──だけど、思《おも》いもよらなかった、
あの年寄《としよ》りの体《からだ》に
あんなにたっぷり血《ち》があるなんて。

マクベス夫人《ふじん》

まだここに血《ち》のにおいが。
この小《ちい》さな手《て》、アラビア中《じゅう》の香料《こうりょう》を
ふりかけてもいい匂《にお》いにはならない。

マクベス
第五幕第五場

マクベス

すべての昨日《きのう》は、
愚《おろ》かな人間《にんげん》が土《つち》に還《かえ》る
死《し》への道《みち》を照《て》らしてきた。
消《き》えろ、消《き》えろ、束《つか》の間《ま》の灯火《ともしび》！
人生《じんせい》はたかが歩《ある》く影《かげ》、哀《あわ》れな役者《やくしゃ》だ、
出場《でば》のあいだは舞台《ぶたい》で大見得《おおみえ》を切《き》っても
袖《そで》へ入《はい》ればそれきりだ。

人生《じんせい》はたかが歩《ある》く影《かげ》、哀《あわ》れな役者《やくしや》だ

Life's but a walking shadow, a poor player.

罪《つみ》の意識《いしき》にさいなまれるマクベスに追《お》い打《う》ちをかけるように、マクベス夫《ふ》人《じん》も精神《せいしん》に異常《いじよう》をきたしてしまいます。何度《なんど》手《て》を洗《あら》っても、王様《おうさま》を殺《ころ》したときの血《ち》の染《し》みが取《と》れないと思《おも》い込《こ》み、とうとう狂《くる》い死《じ》にしてしまうんですね。その頃《ころ》、マクベスは暗殺《あんさつ》した王様《おうさま》の王《おう》子《じ》や、王子《おうじ》に味方《みかた》する貴族《きぞく》たちと戦《たたか》っている最中《さいちゆう》でした。

夫人《ふじん》の死《し》の知《し》らせを聞《き》いたマクベスは、「人生《じんせい》はたかが歩《ある》く影《かげ》（歩《ある》き回《まわ》る

影法師《かげぼうし》という訳《やく》もあります）、哀《あわ》れな役者《やくしゃ》だ」とつぶやくのです。これはとても有名《ゆうめい》なシェイクスピアのせりふですので、覚《おぼ》えておきましょう。

役者《やくしゃ》は舞台《ぶたい》の袖《そで》に入《はい》って隠《かく》れてしまえば、それで終《お》わり。ほんの一瞬《いっしゅん》しか舞台《ぶたい》に立《た》っていません。それが人生《じんせい》なんだ、とシェイクスピアは言《い》っています。マクベスは王《おう》になろうと野心《やしん》を抱《いだ》いたけれど、死《し》んでしまえばすべて消《き》えて土《つち》に返《かえ》ってしまいます。

王殺《おうごろ》しなんかせずに、地道《じみち》にちゃんと生《い》きていけば、こんなふうに自分《じぶん》を苦《くる》しめずにすんだのに、とマクベスは我《わ》が身《み》の行《おこな》いをふり返《かえ》るのです。マクベスは攻《せ》めてきた軍勢《ぐんぜい》によって討《う》ち取《と》られ、前王《ぜんおう》の王子《おうじ》が新《あたら》しい国王《こくおう》になるところで物語《ものがたり》は終《お》わります。

もうひとつの現実《げんじつ》を生《い》きることができる

演劇《えんげき》がなぜ必要《ひつよう》とされてきたのかというと、もうひとつの現実《げんじつ》を生《い》きることができるからです。シェイクスピアの時代《じだい》は映画《えいが》やテレビもありませんでした。ですから人々《ひとびと》はお芝居《しばい》を見《み》て、もうひとつの現実《げんじつ》の世界《せかい》を楽《たの》しみました。みなさんもアニメを見《み》て、最後《さいご》に悪者《わるもの》がやっつけられるとスカッとしますね。そんなふうに演劇《えんげき》や小説《しょうせつ》には、現実《げんじつ》で抱《かか》えているもやもやを、もうひとつの現実《げんじつ》に身《み》を置《お》くことで、スカッと洗《あら》い流《なが》せる効果《こうか》（カタルシスといいます）があるのです。

CHAPTER 6

第《だい》6章《しょう》

オセロー

ムーア人《じん》の将軍《しょうぐん》オセローは、美《うつく》しい妻《つま》デズデモーナと幸《しあわ》せな結婚生活《けっこんせいかつ》を送《おく》っています。しかし部下《ぶか》のイアゴーの策略《さくりゃく》により、デズデモーナの愛情《あいじょう》を疑《うたが》い、嫉妬《しっと》に狂《くる》って悲劇《ひげき》を招《まね》きます。

CHAPTER 6
CHAPTER 6
CHAPTER 6

オセロー

第三幕第三場

イアゴー

ああ、用心《ようじん》なさい、将軍《しょうぐん》、
嫉妬《しっと》というやつに。
こいつは緑色《みどりいろ》の目《め》をした化《ば》け物《もの》だ、
餌食《えじき》にする肉《にく》をもてあそぶ。

オセロー

第五幕第二場

オセロー

悪意《あくい》によって事《こと》を曲《ま》げずに
お書《か》きください。
是非《ぜひ》とも、賢明《けんめい》さには欠《か》けたが
あまりにも深《ふか》く愛《あい》した男《おとこ》だったと

緑色《みどりいろ》の目《め》をした化《ば》け物《もの》

the green-eyed monster

肌《はだ》の色《いろ》が黒《くろ》いオセロー将軍《しょうぐん》と白人《はくじん》のデズデモーナは、互《たが》いに愛《あい》し合《あ》っています。それを妬《ねた》んだのが部下《ぶか》のイアゴーです。オセローたちの幸《しあわ》せを壊《こわ》すために、策略《さくりゃく》をめぐらせるんです。なんと、オセローに「デズデモーナ様《さま》は、他《ほか》に好《す》きな人《ひと》ができたみたいですよ」と告《つ》げ口《ぐち》するんですね。そんなことは全然《ぜんぜん》なかったんですが、オセローはそれを信《しん》じてしまいます。

というのも、オセローがデズデモー

ナにあげた大切《たいせつ》なハンカチが、ある人《ひと》の部屋《へや》に落《お》ちていたからです。その部屋《へや》にわざとハンカチを置《お》いたのはイアゴーなんですが、オセローはデズデモーナがその人《ひと》に会《あ》うために部屋《へや》に行《い》ったのだと誤解《ごかい》してしまいます。そして、嫉妬《しっと》のあまりデズデモーナを絞《し》め殺《ころ》してしまうんです。

嫉妬《しっと》というのは、やきもちのことです。嫉妬心《しっとしん》があまりにふくらむと、心《こころ》の中《なか》が憎《にく》しみでいっぱいになって、本当《ほんとう》のことが見《み》えなくなるんですね。これが「緑色《みどりいろ》の目《め》をした化《ば》け物《もの》」だと、シェイクスピアは言《い》います。

みなさんも「緑色《みどりいろ》の目《め》をした化《ば》け物《もの》」が自分《じぶん》の中《なか》に出《で》てきそうになったら、「ああ、大変《たいへん》だ。オセローになっちゃう」と戒《いまし》めるといいと思《おも》います。

デズデモーナを殺《ころ》したあと、オセローは真実《しんじつ》を知《し》ります。そして悲《かな》しみのあまり、自《みず》ら命《いのち》を断《た》つんです。オセローは死《し》ぬ前《まえ》にこう言《い》い残《のこ》します。

「自分《じぶん》はイアゴーの嘘《うそ》を見抜《みぬ》けなかったという点《てん》では、賢《かしこ》さに欠《か》けていた。でもデズデモーナへの愛《あい》は本物《ほんもの》だった。その愛《あい》があまりに深《ふか》すぎたのだ」。好《す》きすぎると、相手《あいて》の気持《きも》ちと関係《かんけい》なく自分勝手《じぶんかって》なことをしてしまうことがあります。嫌《きら》われちゃうから注意《ちゅうい》しようね。

そういえば、みんなが大好《だいす》きなオセロゲームは、日本人《にほんじん》の発明《はつめい》だけど、この「オセロー」から来《き》ているんだよ。肌《はだ》が黒《くろ》い人《ひと》と白《しろ》い人《ひと》が出《で》て来《く》るから黒白《くろしろ》の石《いし》を使《つか》い、緑《みどり》色《いろ》のゲーム盤《ばん》はオセロー将軍《しょうぐん》が戦《たたか》う草原《そうげん》をイメージしているのだそうです。そんなことも知《し》っていると、友《とも》だちにちょっと自慢《じまん》できるかもしれないね。

やきもちをやくと、自分《じぶん》がみじめになるよ

CHAPTER 7

第《だい》7章《しょう》

ジュリアス・シーザー

　ローマの英雄《えいゆう》ジュリアス・シーザーは、信頼《しんらい》していた部下《ぶか》のブルータスに裏切《うらぎ》られて暗殺《あんさつ》されてしまいます。その死《し》を悼《いた》んだ部下《ぶか》アントニーの演説《えんぜつ》が民衆《みんしゅう》の心《こころ》を打《う》ち、ブルータスは自殺《じさつ》に追《お》い込《こ》まれてしまいます。

CHAPTER 7
CHAPTER 7
CHAPTER 7

ジュリアス・シーザー

第二幕第一場

ブルータス

死《し》んでもらうしかない。

俺《おれ》には彼《かれ》を蹴《け》り倒《たお》す

個《こ》人《じん》的《てき》な理《り》由《ゆう》は何《なに》ひとつない、

すべては公《こう》共《きょう》のためだ。

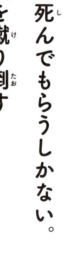

ジュリアス・シーザー

第三幕第一場

シーザー

お前《まえ》もか、ブルータス？——
ならば死《し》ね、シーザー。

お前《まえ》もか、ブルータス?

And you too, Brutus?

『ジュリアス・シーザー』は大変《たいへん》有名《ゆうめい》な戯曲《ぎきょく》です。私《わたし》も小学生《しょうがくせい》のときから「ブルータス、お前《まえ》もか!」という言《こと》葉《ば》を知《し》っていました。

ちなみにシェイクスピアの原文《げんぶん》には、この部分《ぶぶん》はラテン語《ご》でEt tu, Brute?(エ　トゥ、ブルテ)と書《か》いてあります。簡単《かんたん》な言葉《ことば》なので、原文《げんぶん》も覚《おぼ》えておきましょう。

シーザーは古代《こだい》ローマの大偉人《だいいじん》で、ローマ帝国《ていこく》をつくりあげた一人《ひとり》です。

でも、自分《じぶん》が可愛《かわい》がっていた部下《ぶか》のブルータスに刺《さ》し殺《ころ》されてしまいます。信頼《しんらい》していた人《ひと》に裏切《うらぎ》られてしまったので、シーザーはびっくりして「お前《まえ》もか、ブルータス」と言《い》うんですね。

ブルータスがなぜそんなことをしたのかというと、このままではシーザーが独裁者《どくさいしゃ》になり、国《くに》を支配《しはい》してしまうと思《おも》ったからなんです。だから「公共《こうきょう》のため」、つまりみんなのために殺《ころ》したというわけです。

でもいくらみんなのためとはいえ、暗殺《あんさつ》はいけません。世《よ》の中《なか》にはちゃんと法律《ほうりつ》があるのですから、「正義《せいぎ》のため」といって自分勝手《じぶんかって》に相手《あいて》に罰《ばつ》を与《あた》えてはいけないんです。

ジュリアス・シーザー

第三幕第二場

ブルータス

シーザーの愛《あい》には涙《なみだ》を、
幸運《こううん》には歓《よろこ》びを、
勇気《ゆうき》には尊敬《そんけい》を、
そして野心《やしん》には死《し》を。

ジュリアス・シーザー

第三幕第二場

アントニー

諸《しょ》君《くん》に涙《なみだ》があるなら、
流《なが》すのは今《いま》だ。（略《りゃく》）
シーザーがどれほど彼《かれ》を愛《あい》したことか。
これこそ他《ほか》のどの傷《きず》にも増《ま》して、
最《もっと》も残《ざん》酷《こく》非《ひ》道《どう》な一《いち》撃《げき》

シーザーの愛《あい》には涙《なみだ》を、
幸運《こううん》には歓《よろこ》びを、勇気《ゆうき》には尊敬《そんけい》を、
そして野心《やしん》には死《し》を

There is tears for his love ;
joy for his fortune ; honour for his valour ;
and death for his ambition.

シーザーを殺《ころ》したあと、ブルータスは民衆《みんしゅう》の前《まえ》で演説《えんぜつ》します。自分《じぶん》がシーザーを殺《ころ》したのは、彼《かれ》の野心《やしん》が大《おお》きかったからだと。「野心《やしん》には死《し》を」というせりふがかっこいいですね。せっかくですから、みなさんもこのせりふ「death for ~」を英語《えいご》で覚《おぼ》えてしまいましょう。

人々《ひとびと》はブルータスの演説《えんぜつ》に感激《かんげき》して、彼《かれ》をほめたたえます。すると今度《こんど》はアントニーというシーザーの部下《ぶか》が登《とう》

場《じょう》して、ブルータスと反対《はんたい》の立場《たちば》で演説《えんぜつ》を始《はじ》めます。

はたしてシーザーはそんな人間《にんげん》だったのか。みんなはシーザーを愛《あい》していた。愛《あい》するにはそれだけの理由《りゆう》があったはずだ。ならばなぜ今《いま》、彼《かれ》の死《し》を悲《かな》しもうとしないのだ、とアントニーは人々《ひとびと》に言《い》います。そして「涙《なみだ》を流《なが》すなら今《いま》だ」と言《い》うわけです。

さらにアントニーは、シーザーがいかにブルータスを可愛《かわい》がったかを切々《せつせつ》と語《かた》り、シーザーの遺書《いしょ》を公開《こうかい》します。そこにはシーザーがローマ市民《しみん》のためを思《おも》い、さまざまな計画《けいかく》を立《た》てていたことが書《か》かれていました。シーザーはローマを支配《しはい》して、独裁者《どくさいしゃ》になろうとしていたわけでは決《けっ》してなかったんですね。

アントニーの演説《えんぜつ》を聞《き》いて、人々《ひとびと》の考《かんが》えは変《か》わります。ブルータスは追放《ついほう》

され、アントニーの軍勢《ぐんぜい》と戦《たたか》うことになります。でも最後《さいご》は追《お》い込《こ》まれて、部下《ぶか》の剣《けん》に自《みずか》ら倒《たお》れ込《こ》んで自死《じし》してしまいます。

　このように、演説《えんぜつ》は人《ひと》の心《こころ》をつかんで、状況《じょうきょう》を変《か》えてしまうことがあるんです。福沢諭吉《ふくざわゆきち》は、『学問《がくもん》のすすめ』でスピーチ（演説《えんぜつ》）の大切《たいせつ》さについて書《か》いています。日本《にほん》にはスピーチの文化《ぶんか》があまりありませんでしたが、これからは私《わたし》たちも世界《せかい》の人《ひと》たちの前《まえ》で、自分《じぶん》の意見《いけん》を堂々《どうどう》と言《い》える力《ちから》が必要《ひつよう》になります。

　アントニーの演説《えんぜつ》がなかったら、シーザーを殺《ころ》したブルータスが英雄《えいゆう》になっていたかもしれません。みなさんも人《ひと》前《まえ》で自分《じぶん》の意見《いけん》を言《い》って、みんなの気持《きも》ちを引《ひ》きつける演《えん》説《ぜつ》の力《ちから》を身《み》につけてください。

CHAPTER 8

CHAPTER 8

第《だい》8章《しょう》

夏《なつ》の夜《よ》の夢《ゆめ》

ある夏《なつ》の夜《よる》、妖精《ようせい》が住《す》む森《もり》に二組《ふたくみ》の男女《だんじょ》と六人《ろくにん》の職人《しょくにん》が集《あつ》まりました。森《もり》では妖精《ようせい》の王様《おうさま》とお妃《きさき》が夫婦《ふうふ》げんかの最中《さいちゅう》でした。いたずら好《ず》きの妖精《ようせい》がつくったほれ薬《ぐすり》のせいで、男女《だんじょ》入《い》り乱《みだ》れた喜劇《きげき》が起《お》こります。

CHAPTER 8

夏の夜の夢

第一幕第一場

ヘレナ

恋《こい》は程《ほど》を知《し》らないから、
卑《いや》しく醜《みにく》いものも
並《なみ》はずれた立派《りっぱ》なものに変《か》えてしまう。
目《め》で見《み》るのではなく心《こころ》が見《み》たいように見《み》る。
だから、絵《え》に描《か》かれたキューピッドは
いつも目《め》隠《かく》しをしてるんだわ。

夏の夜の夢

第二幕第一場

オーベロン

その時《とき》だ、この花《はな》のつゆを
あのはねっかえりの目蓋《まぶた》に塗《ぬ》り付《つ》け
おぞましい夢《ゆめ》まぼろしに
取《と》り憑《つ》かせてやろう。

だからキューピッドは いつも目隠《めかく》しをしてる

And therefore is
wing'd Cupid painted blind.

『夏《なつ》の夜《よ》の夢《ゆめ》』は、ある夏《なつ》の夜《よる》の夢《ゆめ》のような出来事《できごと》を舞台《ぶたい》で見《み》せる、というお話《はなし》です。森《もり》で、妖精《ようせい》の王様《おうさま》とお妃《きさき》がけんかをします。怒《おこ》った王様《おうさま》はお妃《きさき》をこらしめようと、妖精《ようせい》のパックに頼《たの》んでほれ薬《ぐすり》をもらい、お妃《きさき》のまぶたに塗《ぬ》りつけるんですね。これは目《め》が覚《さ》めて最初《さいしょ》に見《み》たものを好《す》きになってしまうという薬《くすり》です。

お妃《きさき》は森《もり》にやってきた職人《しょくにん》の一人《ひとり》を好《す》きになってしまいます。でもその人《ひと》は妖精《ようせい》パックのいたずらで、顔《かお》がロバに変《か》えられていたんですね。そんなへんてこりんな人《ひと》に、お妃《きさき》は恋《こい》してしまうわけです。

一方《いっぽう》、街《まち》ではライサンダーという若者《わかもの》とハーミアという娘《むすめ》が愛《あい》し合《あ》っています。でも結婚《けっこん》に反対《はんたい》されたので、駆《か》け落《お》ちしようと森《もり》にやってきます。その二人《ふたり》を追《お》ってきたのが、ディミートリアスという若者《わかもの》とヘレナという娘《むすめ》です。ディミートリアスはハーミアが好《す》き、ヘレナはディミートリアスが好《す》きというややこしい関係《かんけい》です。好《す》きな人《ひと》から愛《あい》されないヘレナがつぶやくのが、「キューピッドは目隠《めかく》しをしてる」というせりふです。恋《こい》は盲目《もうもく》とも言《い》いますね。

人《ひと》を好《す》きになってしまうと、魔法《まほう》にかかったようにどんなものでも素晴《すば》らしく見《み》えてしまうんです。

夏の夜の夢

第五幕第一場

シーシアス

狂人《きょうじん》、恋人《こいびと》、そして詩人《しじん》は
想像力《そうぞうりょく》で出来《でき》ている。（略《りゃく》）
闇夜《やみよ》に恐怖《きょうふ》を感《かん》じれば
ただの繁《しげ》みも簡単《かんたん》に
熊《くま》と思《おも》えてくるのだ。

夏の夜の夢

第五幕第一場

パック

影《かげ》にすぎない私《わたし》ども、
もしご機《き》嫌《げん》を損《そこ》ねたなら
お口《くち》直《なお》しに、こう思《おも》っていただきましょう。
ここでご覧《らん》になったのは
うたた寝《ね》の一《いち》場《ば》のまぼろし。
たわいない物《もの》語《がたり》は
根《ね》も葉《は》もない束《つか》の間《ま》の夢《ゆめ》。

夏《なつ》の夜《よ》の夢《ゆめ》

A midsummer Night's Dream

妖精《ようせい》の王様《おうさま》は片思《かたおも》いのヘレナの恋《こい》を応援《おうえん》しようと、ほれ薬《ぐすり》を若者《わかもの》に塗《ぬ》るのですが、塗《ぬ》る相手《あいて》を間違《まちが》えてしまいます。あわてても一人《ひとり》の若者《わかもの》にもほれ薬《ぐすり》を塗《ぬ》ったので、みんながヘレナに恋《こい》をするというてんやわんやの状態《じょうたい》になってしまいます。最後《さいご》は妖精《ようせい》パックが毒消《どくけ》しを塗《ぬ》り、うまく両思《りょうおも》いの二組《ふたくみ》のカップルが成立《せいりつ》します。

彼《かれ》らは、主人《しゅじん》である公爵《こうしゃく》に夢《ゆめ》のような出来事《できごと》を報告《ほうこく》し、結婚《けっこん》の祝福《しゅくふく》を受《う》け

ます。公爵《こうしゃく》は、「恋人《こいびと》たちというのは想像力《そうぞうりょく》がすごいものだ」と感想《かんそう》を述《の》べるのです。こんなふうに強《つよ》い想像力《そうぞうりょく》はひとつの世界《せかい》をつくり出《だ》すくらいの魔力《まりょく》を持《も》っています。狂気《きょうき》と紙一重《かみひとえ》ですから、やりすぎには注意《ちゅうい》しなければなりませんが、それが人生《じんせい》を面白《おもしろ》くしているのは確《たし》かです。

シェイクスピアは想像力《そうぞうりょく》が働《はたら》くので、どんどん言葉《ことば》が出《で》てきます。劇《げき》の中《なか》では妖精《ようせい》パックがシェイクスピアの代《か》わりになって、舞台《ぶたい》を盛《も》り上《あ》げます。

そして、最後《さいご》に観客《かんきゃく》に向《む》かってお礼《れい》を述《の》べるんです。

パック自身《じしん》が劇《げき》の登場人物《とうじょうじんぶつ》なので、この場面《ばめん》も劇《げき》の中《なか》に組《く》み込《こ》まれています。つまり「このお芝居《しばい》全体《ぜんたい》が、束《つか》の間《ま》の夢《ゆめ》だったんだよ」と観客《かんきゃく》に言《い》っているわけです。

なかなかおしゃれな終《お》わり方《かた》ですね。

WILLIAM SHAKESPEARE

OTHER FAMOUS SHAKESPEARE QUOTES

その他の有名《ゆうめい》なせりふ

これまでのところはまだ前口上《まえこうじょう》

What's past is prologue

『テンペスト』 第二幕第一場　アントーニオ

余興《よきょう》はもう終わりだ。（略）
我々《われわれ》は夢と同じ糸で
織り上げられている

Our revels now are ended.
We are such stuff /
As dreams are made on

『テンペスト』 第四第一場　プロスペロー

ああ、素晴《すば》らしい新世界

O brave new world

『テンペスト』 第五幕第一場　ミランダ

思《おも》ったことを口に出すな

Give thy thoughts no tongue

『ハムレット』 第一幕第三場　ポローニアス

別《わか》れはこんなに甘く切ない

Parting is such sweet sorrow

『ロミオとジュリエット』 第二幕第二場　ジュリエット

OTHER FAMOUS SHAKESPEARE QUOTES

WILLIAM SHAKESPEARE

第《だい》9章《しょう》

お気《き》に召《め》すまま

貴族《きぞく》の娘《むすめ》ロザリンドは、宮廷《きゅうてい》を追放《ついほう》され、森《もり》で男《おとこ》のふりをして暮《く》らしています。そこにロザリンドの恋人《こいびと》や、ロザリンドを慕《した》う羊飼《ひつじか》いの娘《むすめ》などさまざまな男女《だんじょ》がからんできて、恋愛喜劇《れんあいきげき》が繰《く》り広《ひろ》げられます。

CHAPTER 9

お気に召すまま

第二幕第七場

ジェイクイズ

この世界《せかい》すべてが一《ひと》つの舞台《ぶたい》、
人《ひと》はみな男《おとこ》も女《おんな》も
役者《やくしゃ》にすぎない。
それぞれに登場《とうじょう》があり、
退場《たいじょう》がある

お気に召すまま

第五幕第一場

タッチストーン

それで思《おも》い出《だ》した、
こんな格言《かくげん》があるんだ、
「愚者《ぐしゃ》はおのれを賢《かしこ》いと思《おも》い、
賢者《けんじゃ》はおのれの愚《おろ》かなるを知《し》る」。

愚者《ぐしゃ》はおのれを賢《かしこ》いと思《おも》い、
賢者《けんじゃ》はおのれの
愚《おろ》かなるを知《し》る

A fool thinks himself to be wise,
but a wise man knows himself
to be a fool.

『お気《き》に召《め》すまま』には、いろいろな男女《だんじょ》が出《で》てきます。森《もり》に住《す》むのは、山賊《さんぞく》のようなかっこうをした前公爵《ぜんこうしゃく》たちや、男装《だんそう》して羊飼《ひつじか》いに身《み》をやつした前《ぜん》公爵《こうしゃく》の娘《むすめ》ロザリンドなど。人《ひと》はそれぞれの役割《やくわり》を演《えん》じていて、この世界《せかい》はすべてが一《ひと》つの舞台《ぶたい》だ、と旅人《たびびと》のジェイクイズは意味深《いみしん》なことを言《い》います。男《おとこ》も女《おんな》も役者《やくしゃ》で、それぞれに登場《とうじょう》、退場《たいじょう》があります。そして自分《じぶん》の出番《でばん》が来《き》たら、さまざまな役《やく》を演《えん》じます。

たとえば男《おとこ》であれば、第一幕《だいいちまく》は赤《あか》ん坊《ぼう》、第二幕《だいにまく》は泣《な》き虫《むし》の小学生《しょうがくせい》になって、第三幕《だいさんまく》では恋《こい》する男《おとこ》になる。そして第四幕《だいよんまく》では軍人《ぐんじん》になって、というように舞台《ぶたい》の上《うえ》で役《やく》を演《えん》じ、やがて去《さ》っていくんですね。

だからみなさんも、現実《げんじつ》のいやなことで頭《あたま》がいっぱいになったとき、「これは舞台《ぶたい》の上《うえ》のひとつの出来事《できごと》だ。自分《じぶん》は今《いま》、子《こ》どもという役《やく》を演《えん》じているんだ」とか「生徒《せいと》という役《やく》を演《えん》じているんだ」と思《おも》うといいでしょう。そうやって自分《じぶん》を外側《そとがわ》から眺《なが》めてみると、落《お》ち着《つ》くことができます。

ロザリンドは男《おとこ》のふりをして生活《せいかつ》しているので、羊飼《ひつじか》いの娘《むすめ》に恋心《こいごころ》を持《も》たれてしまいます。一方《いっぽう》、ロザリンドの恋人《こいびと》のオーランドーがやってきて、本人《ほんにん》とは気《き》づかずに、ロザリンドに恋《こい》の相談《そうだん》に乗《の》ってもらうんです。ロザリンドは複雑《ふくざつ》な気持《きも》ちですね。

そのロザリンドと行動《こうどう》をともにしているのが、道化《どうけ》のタッチストーンです。タッチストーンも村《むら》の娘《むすめ》と恋仲《こいなか》になってしまいます。あちこちで恋《こい》の花《はな》が咲《さ》くんですね。

タッチストーンが恋敵《こいがたき》の村《むら》の男《おとこ》に言《い》うのが「愚者《ぐしゃ》は己《おのれ》が賢《かしこ》いと考《かんが》えるが、賢者《けんじゃ》は己《おのれ》が愚《おろ》かなことを知《し》っている」という格言《かくげん》です。愚《おろ》かな人《ひと》ほど、自分《じぶん》のことを賢《かしこ》いと思《おも》っているんですね。

古代《こだい》ギリシャの哲学者《てつがくしゃ》ソクラテスも、「自分《じぶん》は何《なに》もわかっていないということがわかるのが、知恵《ちえ》である」と言《い》っています。「無知《むち》の知《ち》」ですね。自分《じぶん》がまだまだ足《た》りないということを自覚《じかく》している人《ひと》こそが賢者《けんじゃ》である、とこの物語《ものがたり》は教《おし》えてくれます。

CHAPTER 10
CHAPTER 10
CHAPTER 10

第《だい》10章《しょう》

十二夜《じゅうにや》

双子《ふたご》の兄妹《きょうだい》のセバスチャンとヴァイオラは、生《い》き別《わか》れてしまいます。ヴァイオラが男装《だんそう》して公爵《こうしゃく》に仕《つか》えたことで、男女《だんじょ》入《い》り交《ま》じっての片思《かたおも》いが繰《く》り広《ひろ》げられます。最後《さいご》にセバスチャンが登場《とうじょう》して、ハッピーエンドになります。

十二夜

第一幕第五場

道《ど》化《け》

知恵《ちえ》よ、情《なさ》けがあるなら、
俺《おれ》に立派《りっぱ》な阿呆《あほう》をやらせてくれ！
知恵《ちえ》があると己惚《うぬぼ》れてるやつが
実《じつ》は阿呆《あほう》だった、なんて例《れい》は山《やま》ほどある。

十二夜

第二幕第五場

マルヴォーリオ

高貴《こうき》な身分《みぶん》を恐《おそ》れてはなりません。
ある者《もの》は高貴《こうき》な身分《みぶん》に生《う》まれ、
ある者《もの》は高貴《こうき》な身分《みぶん》を獲得《かくとく》し、
またある者《もの》は高貴《こうき》な身分《みぶん》に
押《お》し上《あ》げられるのです。

俺《おれ》に立派《りっぱ》な阿呆《あほう》をやらせてくれ

Put me into good fooling.

『十二夜《じゅうにや》』とは、クリスマスから数《かぞ》えて十二日目《じゅうににちめ》の一月六日《いちがつむいか》のことで、クリスマスから続《つづ》くお祝《いわ》いが終《お》わる最後《さいご》の日《ひ》だそうです。

シェイクスピアの『十二夜《じゅうにや》』は、この日《ひ》をみんなで楽《たの》しく過《す》ごすために書《か》かれたと言《い》われているので、いろいろなところに笑《わら》いの要素《ようそ》がちりばめられています。

たとえば、『十二夜《じゅうにや》』には道化《どうけ》が出《で》てきます。道化《どうけ》は「自分《じぶん》は阿呆《あほう》なんだよ」とふるまって、盛《も》り上《あ》げ役《やく》になる人《ひと》です。

道化《どうけ》は、シェイクスピアの作品《さくひん》にはよく出《で》てきて、面白《おもしろ》いけれど意味《いみ》の深《ふか》い言葉《ことば》を言《い》います。芝居《しばい》ではとても大《おお》きな役割《やくわり》をになっているので、本当《ほんとう》の阿呆《あほう》ではつとまらないんです。だから「立派《りっぱ》な阿呆《あほう》をやらせてくれ」と言《い》っているわけですね。

みなさんも馬鹿《ばか》をやっている人《ひと》を見《み》たら、「馬鹿《ばか》だなあ」と思《おも》わずに、「もしかしたら、あの人《ひと》は頭《あたま》がいいからあんなに面白《おもしろ》いことが言《い》えるのかもしれない」と思《おも》ってください。

主人公《しゅじんこう》は船《ふね》の難破《なんぱ》で離《はな》ればなれになった双子《ふたご》の兄妹《きょうだい》のうち、妹《いもうと》のヴァイオレットです。彼女《かのじょ》は男装《だんそう》して公爵《こうしゃく》に仕《つか》えますが、実《じつ》は公爵《こうしゃく》に片思《かたおも》いしています。その公爵《こうしゃく》は伯爵令嬢《はくしゃくれいじょう》に恋《こい》をし、伯爵令嬢《はくしゃくれいじょう》は男装《だんそう》のヴァイオレットを男《おとこ》だと思《おも》って恋《こい》してしまいます。そこに死《し》んだと思《おも》われていたヴァイオレットの双子《ふたご》の兄《あに》が登場《とうじょう》して、取《と》り違《ちが》えの喜劇《きげき》が起《お》こるという話《はなし》です。

『十二夜《じゅうにや》』では、みんなの笑《わら》い者《もの》になる人《ひと》も出《で》てきます。執事《しつじ》のマルヴォーリオという人《ひと》も、その一人《ひとり》です。彼《かれ》は「高貴《こうき》な人《ひと》」、つまり貴族《きぞく》になりたいという野心《やしん》を持《も》っていて、そのためにうそのラブレターにひっかかって、大《おお》恥《はじ》をかきます。

『十二夜《じゅうにや》』はハッピーエンドの喜劇《きげき》ですが、マルヴォーリオのように恥《はじ》をかかされた人《ひと》も出《で》てくるというほろ苦《にが》い終《お》わり方《かた》をします。すべてがうまくいくのが人生《じんせい》ではない、ということを教《おし》えてくれている作品《さくひん》ですね。

CHAPTER 11

CHAPTER 11

CHAPTER 11

第《だい》11章《しょう》

リチャード三世《さんせい》

醜《みにく》い容姿《ようし》で生《う》まれたリチャードは、世《よ》の中《なか》を憎《にく》んでいます。そして王位継承者《おういけいしょうしゃ》を次々《つぎつぎ》と殺《ころ》したり、人《ひと》を裏切《うらぎ》ったり、悪事《あくじ》の限《かぎ》りをつくして王位《おうい》につきます。でも対立《たいりつ》する貴族《きぞく》との戦争《せんそう》に破《やぶ》れて、殺《ころ》されてしまいます。

CHAPTER 11

リチャード三世

第一幕第一場

リチャード

口先《くちさき》で奇麗事《きれいごと》を言《い》う今《いま》の世《よ》の中《なか》、
どうせ二枚目《にまいめ》は無理《むり》だとなれば、
思《おも》い切《き》って悪党《あくとう》になり
この世《よ》のあだな楽《たの》しみの
一切《いっさい》を憎《にく》んでやる。

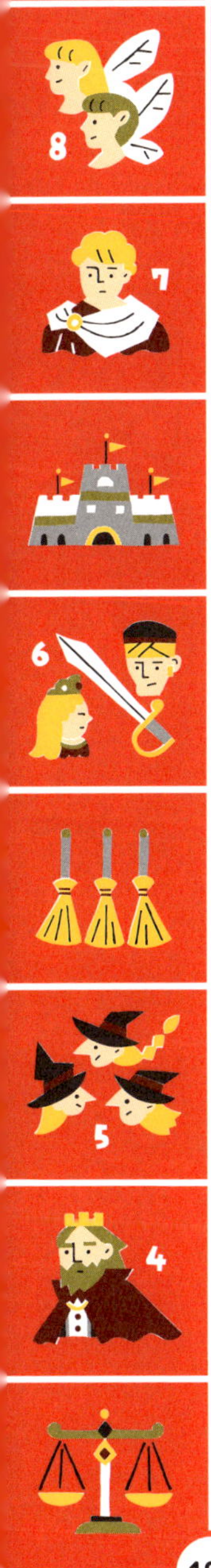

リチャード三世

第五幕第五場

リチャード

下郎《げろう》！　賽《さい》は投《な》げられた、
命《いのち》がけだ、（略《りやく》）
馬《うま》だ！　馬《うま》をよこせ！
代《かわ》りに俺《おれ》の王国《おうこく》をくれてやる、馬《うま》！

馬《うま》だ！　馬《うま》をよこせ！
代《かわ》りに俺《おれ》の
王国《おうこく》をくれてやる

A horse, a horse,
my kingdom for a horse!

リチャード三世《さんせい》という人《ひと》は、見《み》た目《め》が少《すこ》し悪《わる》く生《う》まれついてしまったんですね。それをひがんで、「自分《じぶん》はどうせイケメンではないのだから、この世《よ》の楽《たの》しみをみんな憎《にく》んで、悪党《あくとう》になってやる」と言《い》い切《き》ってしまうんです。ある意味《いみ》、かわいそうな人《ひと》です。

そして自分《じぶん》のお兄《にい》さんを殺《ころ》したり、敵方《てきがた》の妻《つま》を自分《じぶん》の奥《おく》さんにして、用《よう》がなくなると殺《ころ》してしまったり、王位継《おういけい》承者《しょうしゃ》である幼《おさな》い王子《おうじ》を暗殺《あんさつ》したり、自《じ》分《ぶん》に仕《つか》えてくれた部下《ぶか》にも冷《つめ》たくしたり、とにかくひどいことをして、自分《じぶん》が王様《おうさま》の地位《ちい》についてしまうんです。

あまりに悪《あく》が徹底《てってい》しているので、読《よ》んでいるうちに怒《いか》りを通《とお》り越《こ》して笑《わら》ってしまいそうになります。

ここまで悪《わる》い人《ひと》になってしまったのは、リチャード三世《さんせい》が劣等感《れっとうかん》のかたまりだったからなんです。みなさんも、「自分《じぶん》は、ここが他《ほか》の人《ひと》より劣《おと》っている」という劣等感《れっとうかん》を持《も》っていると思《おも》います。劣等感《れっとうかん》は、誰《だれ》でも持《も》っているもの。それを気《き》にしてひがんでいると悪《わる》い方向《ほうこう》に行《い》ってしまいますが、上手《じょうず》に使《つか》えば、それを励《はげ》みにしてがんばることができるんです。

サッカーの選手《せんしゅ》メッシも子《こ》どもの頃《ころ》、成長《せいちょう》が止《と》まってしまう病気《びょうき》にかかったそうです。でもそれを克服《こくふく》して、世界的《せかいてき》なプレイヤーになりました。もし

かしたら、そういう劣等感《れっとうかん》があったほうががんばれるのかもしれませんね。
リチャード三世《さんせい》は人《ひと》を裏切《うらぎ》ってばかりいたので、みんなが離《はな》れていってしまいます。そして、最後《さいご》は自分《じぶん》と敵対《てきたい》する貴族《きぞく》の軍隊《ぐんたい》と戦《たたか》うのですが、どんどん負《ま》けていき、とうとう戦場《せんじょう》で自分《じぶん》の馬《うま》を失《うしな》ってしまいます。昔《むかし》の戦場《せんじょう》で馬《うま》はとても大切《たいせつ》なものでしたから、リチャード三世《さんせい》は「馬《うま》をくれ！」と叫《さけ》ぶんです。

馬《うま》をくれれば自分《じぶん》の王国《おうこく》をくれてやる、というくらい追《お》い詰《つ》められてしまったんですね。劣等感《れっとうかん》のあまり世《よ》の中《なか》をうらんでも、うらみは自分《じぶん》に返《かえ》ってきて、悲《かな》しい思《おも》いをするのは自分《じぶん》だけなんですね。

おわりに

私《わたし》はシェイクスピアの有名《ゆうめい》な場面《ばめん》を選《えら》んで、小学生《しょうがくせい》と一緒《いっしょ》にせりふを読《よ》む授業《じゅぎょう》を何度《なんど》かしたことがあります。みんなとても喜《よろこ》んでくれました。シェイクスピアの作品《さくひん》はストーリーがそれほど複雑《ふくざつ》ではないので、みなさんでも簡《かん》単《たん》に読《よ》めると思《おも》います。

この本《ほん》では人間《にんげん》の「悪《あく》」の部分《ぶぶん》も含《ふく》めた全体《ぜんたい》を見《み》つめようと思《おも》い、あえていろいろなせりふを選《えら》んでみました。シェイクスピアの作品《さくひん》には、いい人《ひと》ばかりが出《で》てくるわけではありません。現実《げんじつ》の世界《せかい》では人《ひと》を殺《ころ》したり、傷《きず》つけたりするのは絶対《ぜったい》にだめですが、演劇《えんげき》はドラマですから、そういうことも許《ゆる》

されます。すると人間《にんげん》の本質《ほんしつ》が見《み》えるんですね。演劇《えんげき》の素晴《すば》らしさはそこにあります。

演劇《えんげき》には現実《げんじつ》の世界《せかい》にはない独特《どくとく》のルールがあります。たとえば最初《さいしょ》に案内役《あんないやく》の人《ひと》が出《で》てきて、筋《すじ》を言《い》ってしまうことがあります。それはライブの時間《じかん》や空間《くうかん》を楽《たの》しむための導入《どうにゅう》のようなものです。

見終《みお》わったあと「へえ～！」とか「うそでしょ！」とか「よかったねえ～」とか「かわいそう～」とか、感情《かんじょう》が盛《も》り上《あ》がって、気持《きも》ちがスッキリします。それを「カタルシス」といいます。みなさんはここで「カタルシス」という言葉《ことば》を覚《おぼ》えましょう。そしてシェイクスピアのせりふを味《あじ》わって、ぜひ「カタルシス」を感《かん》じてください。私《わたし》は、日本《にほん》にそういうレベルの高《たか》い小学生《しょうがくせい》が出《で》てくることを期待《きたい》しています。

出典

『ハムレット』（シェイクスピア全集１）

『ロミオとジュリエット』（シェイクスピア全集２）

『ヴェニスの商人』（シェイクスピア全集 10）

『リア王』（シェイクスピア全集５）

『マクベス』（シェイクスピア全集３）

『オセロー』（シェイクスピア全集 13）

『ジュリアス・シーザー』（シェイクスピア全集 25）

『夏の夜の夢　間違いの喜劇』（シェイクスピア全集４）

『テンペスト』（シェイクスピア全集８）

『十二夜』（シェイクスピア全集６）

『リチャード三世』（シェイクスピア全集７）

以上、すべて　ちくま文庫・松岡和子訳。

齋藤孝（さいとう・たかし）

1960年静岡県生まれ。東京大学法学部卒業。
同大学院教育学研究科博士課程を経て、
現在明治大学文学部教授。
専攻は教育学、身体論、コミュニケーション技法。
『声に出して読みたい日本語』（草思社）が話題を呼ぶ。
『質問力』『段取り力』『コメント力』『齋藤孝の速読塾』『齋藤孝の企画塾』
『やる気も成績も必ず上がる家庭勉強法』『前向き力』（ちくま文庫）、
『現代語訳学問のすすめ』『恥をかかないスピーチ力』（ちくま新書）、
『新聞力』（ちくまプリマー新書）、
『こども「学問のすすめ」』『佐藤可士和の新しいルールづくり』
『子育ては諭吉に学べ！』『運の教科書』『ほめる力』（筑摩書房）、
『新しい学力』（岩波新書）等、著書多数。

こども「シェイクスピア」
2017年4月25日　第1刷発行
著者：齋藤 孝／編集協力：辻由美子／装丁＋挿画：寄藤文平＋鈴木千佳子＋窪田実莉（文平銀座）／発行者：山野浩一／発行所：株式会社筑摩書房　東京都台東区蔵前2-5-3　〒111-8755　振替00160-8-4123／印刷：凸版印刷株式会社／製本：凸版印刷株式会社／　ISBN978-4-480-83907-7　C0037／乱丁・落丁本の場合は、お手数ですが下記にご送付ください。送料小社負担にてお取り替えいたします。ご注文・お問い合わせも下記へお願いします。／〒331-8507　さいたま市北区櫛引町2-604　筑摩書房サービスセンター電話 048-651-0053／